PENSÉES

De M.ͬ B** D***,

ÉLECTEUR DU DÉPARTEMENT DU LOIRET,

Émises lors de l'ouverture de la Session de 1817.

Enfin, l'aurore du bonheur commence à luire sur ma chère patrie ; que le peuple Français, semblable aux fiers coursiers qui conduisent son char, soit docile à la main sage et prudente qui le guide.

Vous, pairs et députés, semblables à l'aube matinale, cette charmante courrière dont la blancheur bordée d'une teinte purpurine présage le plus beau jour, que cette blancheur soit le symbole de vos sentimens : comme l'aube, dis-je, devançant cette aurore après laquelle on soupire si ardemment, dans la nouvelle et dangereuse carrière qu'elle doit parcourir, rassemblez toutes vos forces et tout votre courage pour applanir les nombrenx obstacles qui se trouvent sur son passage. Comblez d'abord ces précipices affreux (1) dans lesquels ces coursiers impétueux pourraient se précipiter avec fracas; écartez avec soin ces rochers adhérens (2) et mobiles, (3) rendurcis par les orages, contre lesquels ils pourraient venir se heurter et ralentir leur course. Armés d'une hache salutaire, coupez jusque dans leurs racines ces végétaux funestes (4), qui s'étant multipliés à l'infini, couvrent entièrement la route et en obstruent le passage. Remarquez-vous parmi eux ces ronces rampantes (5) qui déchirent

---

(1) La dette publique et par conséquent l'impôt qui écrâse le peuple.

(2) Ces antiquaires insensés qui prétendent rentrer dans le scin de leur mère et faire rebrousser les fleuves vers leurs sources.

(3) Ces cruels ennemis du repos public que de terribles épreuves n'ont pu corriger.

(4) Tout ce qui contribue à épuiser inutilement le trésor.

(5) Les droits réunis, dont l'exercice est odieux et vexatoire, et les employés innombrables.

sans pitié, ces épines meurtrières (6) qui font de profondes blessures, et ces plantes parasites (7) qui dévorent insolemment le suc nourricier du sol?

Alors, ces coursiers intrépides, balançant avec noblesse leurs superbes crinières, marcheront d'un pas ferme et tranquille, et poursuivront leur route sans inquiétude : puis leur majestueux conducteur, après avoir encouragé vos efforts, vous remerciera de vos g'orieux travaux, qui seront pour vous un titre à la postérité; et lui-même, heureux et rayonnant de gloire, arrêtera au midi de sa course ce char du bonheur tant désiré, pour que nous puissions jouir long-tems, et s'il est possible pour toujours, de son éclat et de notre félicité.

Plusieurs orateurs distingués ont fait connaître avec énergie, lors de la dernière session, la profondeur des plaies dont je viens de parler; hâtez-vous de les cicatriser.

---

(6) Tous ces emplois, dont un grand nombre est inutile, et auxquels sont attachés d'énormes appointemens qui épuisent le trésor.

(7) Ces rentes, ces gratifications, ces pensions dont plusieurs même sont doubles et triples, qui ont été surprises et trop facilement accordées.

Législateurs, votre séjour dans les provinces a dû vous convaincre que la nation française ne forme plus maintenant qu'un faisceau autour du trône des lis ; c'est donc à vous à le rendre indissoluble. Pour y parvenir, qu'aucun article de cette Charte qui nous est donnée ne soit illusoire, qu'aucune loi temporaire ne vienne la torturer ; en marchant de front avec elle, nous ne pouvons manquer d'atteindre bientôt le but heureux que son auguste auteur s'est proposé.

Si le monde entier fut étonné de notre prospérité momentanée, qu'il le soit encore davange en voyant notre attitude dans l'adversité où nous sommes plongés. Remplissons d'abord nos engagemens sacrés ; mais aussi, hâtons-nous de recouvrer cette indépendance nationale, sans laquelle nous devenons la honte des peuples, et méprisables à nous-mêmes.

Oui, cette belle France, forte, puissante et riche par elle-même, sans autre métal que celui dont se servit Camille pour dégager la république romaine du joug honteux sous lequel on voulait l'asservir, avec le concours de toutes les volontés pourra toujours tout ce qu'elle voudra.

La liberté individuelle des consciences et de l'opinion n'est point un bienfait accordé, ce sont des propriétés sacrées qui appartiennent à l'individu et qu'il serait injuste de lui contester.

Tous les Français, de quelque classe, de quelque condition, de quelque corporation qu'ils soient, sujets du même souverain, doivent être tous également soumis aux mêmes lois.

Tout fonctionnaire public, recevant un traitement du gouvernement, soit civil, militaire ou religieux, doit remplir exactement ses fonctions envers ses concitoyens, sans exiger d'eux une rétribution non voulue par la loi ; c'est exercer un monopole non-seulement répréhensible, mais même punissable.

Les distinctions dans un état sont nécessaires, puisque ce sont des récompenses justement méritées.

Le propriétaire, le rustique et laborieux cultivateur qui font fleurir l'agriculture en défrichant des terres ingrates et les rendant fécondes ; l'ingénieux artisan, qui fait gémir l'enclume sous le marteau et produit des chefs-d'œuvre ; l'habile ouvrier, qui fait mouvoir avec art le compas et la scie, et crée des machines étonnantes ; l'industrieux négociant, qui fait aller ces manufactures précieuses , ou qui parcourt avec intrépidité les deux hémisphères pour enrichir sa patrie de leurs productions ; tous remplissent le trésor du fruit de leurs travaux.

C'est dans ce trésor que l'on puise ensuite pour solder les appointemens des employés du gouvernement. C'est donc avec cet argent, avec ce produit de l'agriculture et de l'industrie, que le prélat se procure ces magnifiques équipages, et le maréchal ces superbes colifichets dont il est à juste titre si fier d'être décoré. Par conséquent, cette classe plébéïenne doit donc aussi, pour prix de ses services, de ses talens, de sa bravoure et de ses vertus, donner à la noblesse des chevaliers et des ducs ; aux militaires, des capitaines et des maréchaux ; au clergé, des abbés et des prélats. La loi doit être une pour tous ; et le Monarque , comme le père de ses sujets , doit leur dispenser également sa tendresse. Alors, cette nation formant une seule et même famille , deviendra bientôt forte et indivisible.

Je m'arrête ici au point de contact le plus important qu'il y ait dans un état civilisé , c'est la cohérence qui doit exister entre les lois et la religion : cette harmonie manque en France.

On voit souvent que des plus petites causes dérivent les plus grands résultats ; celle-ci est de la plus haute importance.

Les bonnes mœurs font le bonheur civique, leur débordement est la source de tous les crimes.

Hélas ! si dans les villes, comme dans les campagnes, le peuple n'a plus de respect pour les ministres des autels, et par conséquent pour la religion, qui peut en ignorer la cause ?

A Dieu ne plaise que je veuille attaquer ici ce corps respectable et digne de tant d'éloges ; mais c'est contre ses abus qu'il faut s'élever et se montrer inexorable ; ils sont d'autant plus graves et dangereux là, qu'il devrait n'y en point avoir, c'est-à-dire moins qu'ailleurs. En les signalant, c'est rendre un service important à ceux mêmes qui les commettent.

Pour rendre à notre religion sainte toute sa splendeur, toute sa dignité et non son despotisme des septième et huitième siècles ; à ses ministres le respect, la confiance et non les dîmes, que ces derniers, sur lesquels la bienveillance paternelle de S. M. vient de s'étendre, ne viennent plus exiger des citoyens une indigne rétribution pour prix de leurs fonctions sacerdotales, et vendre pour ainsi dire les Sacremens.

Quoi ! un enfant est-il sorti du sein de sa mère, qu'il est passible d'un tribut envers le curé pour la peine que celui-ci veut bien se donner de faire son devoir en le rendant chrétien !

Mariés civilement, cet acte authentique qui caractérise le titre d'époux dans la société , car il est de principe en gouvernement, que l'église soit dans l'état et non l'état dans l'église , ces époux, voulant recevoir la cérémonie religieuse , elle leur est refusée s'ils nont point d'argent pour payer le tribut : ainsi donc, d'après leur conscience, ils se trouvent forcés de vivre en concubinage.

Un tendre fils, mais indigent, venant de perdre son vertueux père qui aura rendu des services importans à l'état, s'il n'a point d'argent ne pourra lui faire rendre honorablement les derniers devoirs religieux : ces dernières cérémonies, si saintes, si respectées des anciens et même des peuples les plus barbares ; ou bien, si le prêtre condescent à lui donner la sépulture, il sera indécemment conduit dans son dernier asyle !

Voyez ces infortunés qui meurent dans les hôpitaux, ils sont indignement traînés dans les cimetières, et jetés en terre comme des restes immondes.

Ce fils, dont je viens de parler, voulant s'unir pour donner des citoyens à l'état, le mariage religieux lui sera refusé, s'il ne peut payer l'enterrement indécent de feu son malheureux père. Bien plus, si ce fils a des enfans, ils seront menacés de ne point approcher, ou au moins retardés de quelques années d'approcher, pour la première fois, du banquet sacré, si le père ne donne au curé les sommes qu'il réclame.

Je m'écrierai comme Pythagore : « La mort, du » moins, nous délivre des ministres d'Esculape ; » mais ceux des autels nous poursuivent jusqu'au- » delà de la vie, et nous rançonnent jusque dans » le tombeau. »

L'union de deux proches parens que la loi ne prohibe point, mais qu'il plaît à l'église de réprouver comme un crime, n'aura pas lieu à l'autel si les époux ne donnent une somme proportionnée à leur fortune ; cependant, on peut marchander ! Où est le plus petit endroit qui de fournisse une foule de ces affreux exemples ? Quelle honte ! Enfin le monopole indécent de l'église s'exerce sous mille formes différentes, et celui qu'il vexe ne peut s'en plaindre ! Voilà donc une incohérence funeste qui existe dans l'ordre social, chez un peuple instruit et civilisé, qui nécessairement doit tourner contre les ministres et la religion. Oui, c'est de là que découlèrent tant d'erreurs funestes : c'est par là que se rendurcirent tant de consciences timorées qui osèrent braver le pouvoir légitime et dont l'in-

tolérance fut la cause de tant de crimes qui déso-
lèrent la société et troublent encore des familles.

Un souverain doit, dans ses états, se conserver
avec fermeté la tutelle pontificale ; c'est un droit
inhérent à la couronne, et fort de son pouvoir il
faut qu'il soit obéi.

Grace au ciel, Louis marche avec le siècle, et du
haut de son trône auguste, ce Monarque philo-
sophe veut voir ses peuples jouir, sous tous les
rapports, de tout le bien-être possible d'après l'état
de civilisation actuel, politique et moral. Que toutes
les classes de la société s'efforcent donc de secon-
der ses intentions pures, en sachant être soumis,
parce qu'il ne veut que ce qui est bien et bon. Delà naîtra bientôt cette union parfaite qui fait la
force des empires et qui est la source du bonheur
des peuples et des Rois : je dis des peuples et
des Rois, parce qu'un bon Roi n'est heureux que
du bonheur de ses peuples.

Peut-être l'ignorance serait - elle un bonheur
préférable au savoir, si tous les hommes étaient
également ignorans ; mais les lumières devenant le
patrimoine d'un petit nombre, ce nombre-privi-
légié, pour se les conserver exclusivement, aurait
soin d'obscurcir encore davantage les ténèbres
répandues sur les autres, qui pour lors devien-

draient infailliblement à plaindre et extrêmement malheureux, parce qu'ils demeureraient asservis sous un joug honteux qui dégrade et avilit l'homme, tandis qu'au contraire, plus il y aura d'instruction et de connaissances répandues sur le genre humain, plus cette vie, qui est si courte, sera heureuse, agréable, et tournera au profit commun des peuples réunis en société.

Cette morale naturelle, avec laquelle certains philosophes prétendent diriger les mœurs de l'univers, est pure et bonne à suivre sans doute ; mais cette vertu abstraite et isolée, peut-elle suffire à la masse générale des peuples, aux sens desquels il faut parler ? Que ces peuples n'aient pour guide que cette morale sans religion, et bientôt on verra les états les mieux civilisés s'écrouler dans l'abîme du désordre et de la confusion.

D'excellentes lois, parfaitement en harmonie avec les bonnes mœurs et avec les lumières du siècle, sont le miroir d'acier des empires, et la religion en est le poli.

Tant que le pouvoir spirituel sera joint au temporel, il y aura indubitablement conflit et incompatibilité d'action et de sentiment ; tant il est vrai de dire, comme un honorable pair, « qu'il entre dans la nature de l'homme d'aimer le pouvoir et de n'en avoir jamais assez. »

J'admire la réponse d'un curé de village du département du Loiret, au maire de la commune qui l'avait fait nommer membre du conseil municipal.

M.ʳ ʟᴇ Mᴀɪʀᴇ,

« Les saints canons des conseils recommandent aux ecclésiastiques, et surtout aux curés, de ne point s'initier aux affaires séculières, et cela d'après le conseil de l'apôtre St.-Paul, dans sa seconde épître à *Timothée, chap.* 2 , ⅴ 4. Cette considération , etc. etc. »

Ce vertueux ecclésiastique jouit de l'estime et de la considération de tous les habitans de sa commune, dont il est extrêmement aimé ; c'est véritablement un père au milieu de ses enfans ; content de son traitement, qui est toute sa fortune, non-seulement il ne demande rien à ses paroissiens pour remplir ses devoirs , mais même il n'en veut rien recevoir.

Que la conduite et la manière de penser de cet estimable Curé servent de modèle, et bientôt on verra les brebis égarées rentrer dans le bercail.

Que les prêtres , chargés spécialement de diriger les mœurs, ne montent dans cette chaire qui ne devrait être que la chaire de vérité, que pour y prêcher cette morale sublime du divin législateur de la religion qu'ils professent, et rien de plus.

J'admire la sagesse et la prudence du Monarque, qui ordonne que le 21 janvier, trop malheureux anniversaire, il ne sera fait en chaire que la lecture du testament du feu Roi.

Tout ecclésiastique, comme fonctionnaire public, doit, d'après l'importance de ses fonctions, recevoir un traitement fixe du gouvernement, et non des dotations territoriales, parce que dans un état constitutionnel tel que la Charte garantit l'état de la France, aucune classe de citoyens ne doit être ainsi distinguée des autres du père commun, sans que tôt ou tard ce privilège exclusif ne devienne ombrageux, et n'entraîne après soi des suites funestes. Consultons les annales des premiers empereurs chrétiens et celles de nos rois ; les terribles leçons qu'elles nous donnent à cet égard ne sauraient-elles donc nous instruire ?

Je ne citerai point ici ces pages ensanglantées de notre histoire ; je me tais sur ces trop célèbres croisades et sur ces poignards parricides qui jetèrent la patrie dans le deuil.

Je ne veux point traverser des mers immenses pour aller frémir d'horreur en voyant des monstres tenant d'une main le saint évangile, de l'autre un fer assasin, et faisant couler à grands flots le sang innocent.

Franchirai-je ces Hautes-Pyrénées pour être témoin de ces tortures exécrables qui forcent l'innocent de s'avouer coupable , pour contempler ces bûchers infernaux, que les pieux ministres de cette religion sainte allument avec joie pour dévorer des milliers de malheureuses victimes de la péinsule? Non, sans doute ; je ne parlerai point non plus de cette infâme inquisition qui n'est qu'assoupie , inventée par des cannibales, approuvée par les successeurs de S.-Pierre, qui par conséquent en sont les complices et qui fit trembler et les peuples et les rois ; car ces horribles auto-da fés où... Ah ! mon âme se comprime et ma plume frémissante s'arrête épouvantée !...

Ce n'est pas la religion , me dira-t-on qui commande ces crimes atroces ; ses ministres en sont seuls les auteurs. Otez donc pour toujours à ces ministres les moyens de pouvoir jamais un jour renouveler ces scènes d'horreur et de barbarie sous le masque de la religion. Ah ! passons, passons vîte sous silence et ces tems reculés et ceux naguère passés ; c'est du présent dont il faut s'occuper sincèrement, afin de pouvoir fixer irrévocablement l'avenir.

Les Bossuet et les Massillon firent un pas bien hardi, alors qu'ils défendaient avec énergie nos libertés gallicanes. Aujourd'hui il en est un bien plus important à faire, Messieurs, mais mes faibles moyens ne me permettent pas de m'étendre sur ce sujet, que vous connaissez mieux que ce que j'en pourrais dire, et dont chacun sent le besoin pressant. Montrez-vous donc dignes de la confiance que la nation entière a mise en vous.

Pairs et députés, puisque S. M. a bien voulu vous associer à ses nobles travaux, fiers d'une mission aussi importante que délicate, pour ne point vous égarer dans cette superbe et éblouissante carrière que vous avez à parcourir, n'ayez pour point de mire que le bonheur de la France et la gloire de son Roi. Que tous vos sentimens se confondent en un seul, et nous verrons avec joie le trône et l'autel s'élever avec éclat et majesté à la clarté pure et brillante du flambeau libéral.

A Orléans, de l'imprimerie de V.ᵉ Huet-Perdoux, rue Royale, N.º 4.

www.ingramcontent.com/pod-product-compliance
Lightning Source LLC
Chambersburg PA
CBHW050750070726
47597CB00009B/4144